Collection folio cadet

Supplément réalisé avec la collaboration de
Dominique Boutel, Nadia Jarry et Anne Panzani
(illustrations Sophie Jouffroy)

traduit par Camille Fabien

mis en couleurs par
Anne-Sophie Lanquetin et Cathy Kilian

ISBN : 2-07-031175-9
Titre original : Bridget and William

Numéro d'édition : 48366
Premier dépôt légal : janvier 1983
Dépôt légal : février 1990
Imprimé en Italie par la Editoriale Libraria

Le poney dans la neige

JANE GARDAM ILLUSTRÉ
PAR WILLIAM GELDART

GALLIMARD

Chapitre 1

Lorsqu'elle eut sept ans, Bridget s'installa avec ses parents dans une nouvelle ferme, perchée sur les hauteurs qui dominaient la vallée proche.

— Il faut bien se rendre compte d'une chose, dit le vieux Todd en contemplant autour de lui les landes de bruyère et le ciel tourmenté, c'est qu'il y a de la place, ici, mais c'est haut. Vous serez bloqués par la neige au moins une ou deux fois chaque hiver. C'est un bon endroit pour les moutons, mais pas pour les vaches, et si vous prenez un cheval, il faudra le laisser à l'écurie les trois quarts de l'année.

— Nous n'aurons pas de chevaux, dit le père de Bridget, un cheval, ça mange comme cinq moutons et ça ne rapporte rien. Ce serait idiot d'acheter un cheval.

— Et pour Bridget ? demanda le vieux Todd, sans compter que vous n'allez pas laisser vides ces trois grandes écuries ? Il n'y aura pas beaucoup d'autres distractions pour une fillette, sur ces hauteurs…

— Les chevaux, c'est bon pour les gens de la ville, répliqua le père.

Bridget, elle, s'était assise sur la clôture qui barrait la cour de la ferme et regardait la vallée. Tout en bas, une route tortueuse se faufilait sous les arbres de la colline aux trois sommets et disparaissait en direction du ruisseau. Un ruisseau qu'on ne pouvait pas voir, depuis la Haute Ferme, mais dont on entendait le bruissement. Le chemin reparaissait ensuite, au-delà du cours d'eau, dessinant ses longues courbes toujours plus loin sur la lande.

De chaque côté, à bonne distance, on remarquait un point ici ou là : c'étaient des fermes basses d'où s'élevaient des filets de fumée. Des étendues de bruyères pourpres foisonnaient au fond de la vallée, jusqu'aux pourtours des prés resplendissants de verdure, certains carrés, d'autres rectangulaires, d'autres longs et étroits, l'un d'eux, même, en forme de botte. Puis la route s'effaçait derrière un sommet, à proximité de la Croix saxonne et même au-delà de ce sommet, on ne pouvait encore apercevoir le village. On distinguait seulement une brume de campanules et des nuages blancs qui filaient dans le ciel. La route traversait des prés clôturés de barrières blanches, sept en tout. Bridget imagina un cheval trottant sur le chemin.

— Ça prendra longtemps d'ouvrir et de fermer toutes ces barrières lorsqu'on rentrera à la nuit tombée, dit la mère de Bridget.

— La commune pourrait peut-être faire installer des grillages, ce serait plus simple, suggéra le père.

— Il ne faut pas y compter, assura le vieux Todd, le grillage, ça coûte une fortune. Ils ne vont pas en installer simplement pour vous. Et d'ailleurs, les barrières de bois, c'est bien mieux pour les chevaux.

— Nous n'aurons pas de chevaux, répondit le père ; si Bridget s'ennuie, je lui achèterai un agneau, peut-être même deux. L'été prochain, elle pourra les vendre et en acheter quatre. Elle apprendra le métier de la ferme. Seulement, elle n'est pas encore à nous, cette ferme. Elle vaut son prix, et pour l'instant, on en parle, c'est tout.

— J'aimerais bien avoir un cheval, dit Bridget.

— Nous n'aurons pas de cheval, répéta son père.

Chapitre 2

Lorsque la famille s'installa enfin dans la Haute Ferme, un chèque arriva par la poste, envoyé par la tante de Bridget qui habitait la ville, et Bridget fut la première à voir la lettre.

Le facteur l'avait appelée un matin, alors qu'elle marchait sur la route.

— Hé ! Les jeunes ! avait-il crié.

Bridget s'en allait vers l'arrêt du car, en compagnie de deux amies. Le ciel était sombre et il tombait de la neige fondue. Le facteur avait donné un coup de klaxon en entendant les voix des trois fillettes. Il espérait que l'une d'elles était celle de Bridget, car ce matin-là, ni lui ni sa camionnette ne se sentaient d'humeur à traverser le ruisseau et à monter la colline aux trois sommets pour se rendre jusqu'à la Haute

Ferme. Bien des histoires couraient dans le pays à propos de cette colline : on racontait que, jadis, des villageois, des chevaux avec leurs carrioles et même des moutons en étaient tombés, précipités d'un à-pic surplombant le Pot du Trou Noir, une sorte de ravin qui s'ouvrait juste au-dessous. On disait même que la colline aux trois sommets était hantée.

Aussi, quand elle descendait la route dans l'obscurité, Bridget pensait-elle à autre chose, des cho-

ses gaies et moins irrationnelles que les histoires de fantômes.

Pendant la saison d'hiver, il faisait noir lorsqu'elle partait le matin, et noir encore lorsqu'elle revenait l'après-midi. De la Haute Ferme, elle ne voyait que les lumières, qui semblaient lui dire au revoir lorsqu' elle quittait la maison, et l'attendre lorsqu'elle rentrait.

— Vous pourriez tout aussi bien vivre en Finlande, ce serait la même chose, disait sa tante qui habitait la ville, la moitié de l'année dans le noir et la plupart du temps sous la neige... C'est bon pour les trolls et les hérissons !

La tante de Bridget vivait à Londres depuis qu'elle était enfant.

— Ce n'est pas un endroit pour grandir, ces landes... disait-elle, heureusement que j'en suis partie...

Ce qui ne l'empêchait pas de téléphoner sans cesse.

— Une lettre pour Bridget ! s'écria le facteur, allez, remuez-vous donc un peu ! Vous voulez que je vous dépose ?

Bridget monta dans la camionnette en compagnie de ses deux amies, Marie et Adrienne. C'étaient deux sœurs qui habitaient une ferme, plus bas dans la vallée, et presque chaque jour, Bridget passait les prendre pour faire la route ensemble jusqu'à l'arrêt du car. Mais ses amies parlaient surtout entre elles, et se comportaient presque en sœurs jumelles, tant elles étaient proches l'une de l'autre.

— Il y a trois lettres pour toi, Bridget, dit le facteur, ça m'a tout l'air d'être ton anniversaire ! J'ai aussi du courrier pour ton père, mais ce sont surtout des factures et un Magazine Agricole. Tu n'auras qu'à les laisser dans la boîte aux lettres en bas de la route et tu les reprendras ce soir en passant.

— C'est vraiment ton anniversaire ? demanda Adrienne.

— Oui, dit Bridget.

— Joyeux anniversaire ! Qu'est-ce que tu as eu, comme cadeaux ?

— Papa m'a offert un mouton et maman une brosse à cheveux.

— Et qui est-ce qui t'écrit ?

— Mes grand-mères ; et aussi ma tante de Londres qui m'envoie une carte avec un papier rose à l'intérieur.

— Un papier rose ? s'étonna Marie.

— Fais-moi voir ça, dit le facteur en s'arrêtant devant la troisième des sept barrières blanches.

Bridget descendit de la camionnette, sa lettre à la main. C'était son tour d'aller ouvrir la barrière. Elle n'avait pas donné le papier rose au facteur, le tenant toujours entre le pouce et l'index, tandis qu'elle poussait la clôture. Elle la referma dès que la camionnette l'eut franchie, puis revint s'asseoir auprès des deux sœurs.

— J'ai l'impression que c'est de l'argent, dit Bridget.

Marie regarda le papier rose.

— Oui, c'est un chèque, confirma-t-elle, mais il est presque illisible, il a dû être écrit à toute vitesse.

— C'est comme ça, à Londres, commenta le facteur.

— A ton avis, il y a un ou deux zéros ? demanda Bridget.

Adrienne lui prit le chèque des mains et l'examina.

— C'est deux zéros, répondit-elle avec gravité, deux zéros sans aucun doute.

Lorsque la camionnette s'arrêta devant la quatrième des sept barrières, le facteur, à son tour, jeta un coup d'œil sur le chèque.

— Oui, c'est bien deux zéros, assura-t-il, et regardez, il y a un message sur la carte, je le lirai à la prochaine barrière.

Mais cette fois, tout le monde dut descendre de la camionnette : la neige, en effet, bloquait le passage et il fallut s'y mettre à quatre pour que s'ouvre enfin la clôture.

La sixième barrière fut également difficile à franchir : des vaches s'y appuyaient, serrées les unes contre les autres pour lutter contre le froid. Cette fois encore, tout le monde dut descendre pour les décider à libérer le chemin.

C'était à nouveau au tour de Bridget d'ouvrir la septième bar-

rière. Pendant ce temps, le facteur lut la carte qu'elle lui avait donnée. Lorsqu'elle fut de retour dans la camionnette, il lui en résuma le contenu.

— Ta tante écrit que cet argent

doit servir à acheter un cheval, dit-il, et rien d'autre qu'un cheval. Sinon, il faut renvoyer le chèque.

Bridget déposa le courrier de son père et les deux cartes que lui avaient écrites ses grands-parents dans la boîte aux lettres près de la Croix saxonne, mais elle conserva sous son chandail, tout contre sa poitrine, le message de sa tante accompagné du papier rose.

Chapitre 3

— Elle va tomber tout le temps, c'est tout ce qui lui arrivera, dit la mère de Bridget lorsque la famille se trouva réunie pour le dîner, et moi, j'aurai une raison de plus de me faire du mauvais sang. Elle risque aussi bien de tomber de la colline et de se retrouver au fond du ravin. Et si jamais la rivière déborde, imagine un peu qu'elle soit entraînée par le courant… On n'est pas à Londres, ici. Il n'y a pas de parcs et de pelouses. Ici, ce sont des landes.

Bridget, assise à la table, ne disait pas un mot. Elle restait immobile et silencieuse.

— On ferait bien mieux de renvoyer le chèque, dit son père en mangeant une part du gâteau d'anniversaire.

Bridget, plus silencieuse que jamais, sembla se figer sur place.

Mais son père plaisantait.

Chacun reprit une part du gâteau et l'idée du cheval fit son chemin. Un cheval...

— Je suppose qu'il va falloir acheter des vêtements exprès pour ça, dit sa mère, sans compter ce qu'il va nous coûter en entretien, cet animal... Il faudra une tenue d'équitation avec une bombe noire...

Les vêtements, c'était un sujet que la mère de Bridget affectionnait, et son regard s'était fait plus vif tandis qu'elle en parlait. Mais Bridget sortit de son silence pour dire qu'elle n'aurait pas besoin de tenue spéciale.

— Tout ce qui restera du chèque après qu'on aura acheté le cheval, dit le père, servira à payer des leçons d'équitation, et non des vêtements ; il s'agit d'apprendre à ne pas se rompre le cou.

— Et où est-ce qu'on trouvera une école d'équitation par ici ? demanda la mère.

— On trouvera bien, c'est un détail. Pour commencer, il faut dénicher un cheval pas trop cher, et qui ait bon caractère.

Et c'est ainsi que William arriva à la ferme.

Ce fut le vieux Todd qui l'y mena pour la première fois. Leurs deux têtes apparurent au détour de la colline, un jour de printemps encore humide de pluie. Le vieux Todd avait entendu parler d'un poney habitué au froid, qui vivait dans une autre ferme perchée haut sur la lande. Son propriétaire, un garçon de douze ans, était devenu trop grand et trop lourd pour le monter.

William avait le poil rugueux comme la bruyère, il était noir comme un étang et rond comme une perdrix.

Le poney regarda Bridget lorsque le vieux Todd le mena vers elle.

— Il s'appelle William, dit Todd.

William tendit vers la fillette sa tête au poil rêche, puis sa lèvre se retroussa et il se mit à mordiller le col de son manteau.

— C'est un sauvage, dit son père, ce sont des sauvages, ces chevaux-là. Ils me font peur. Et regarde-moi ça, il ne peut même pas y voir clair avec ces poils qui lui tombent sur les yeux. On dirait un singe. Il faut lui raccourcir la crinière.

— Il a le poil touffu, c'est tout, dit Bridget, et qu'est-ce qu'il sent bon !

Le poney cessa de mordiller le col

du manteau, colla son museau sous l'oreille de Bridget et lui souffla dans le cou. Elle sentit son haleine chaude lui chatouiller la nuque avec un bruit de moteur, comme le ronronnement d'une motocyclette.

— Hé, arrête ! lui dit Bridget, et le poney aussitôt détourna la tête.

Dès le début, il prit ainsi l'habitude d'écouter sa nouvelle maîtresse.

Au vieux Todd, en revanche, il n'obéissait pas toujours, et encore moins au père de Bridget. Il avait «son caractère à lui», comme disait Todd.

— Ce n'est pas un mauvais bougre, assurait-il, on me l'avait dit qu'il était plutôt brave, et il aime les gamins. Mais il a son caractère. Il est du genre un peu vagabond, il aime bien se balader un peu partout. Comme une gamine que je connais bien…

Bridget lui fit observer qu'elle n'était plus une gamine, mais une jeune fille.

— Gamin, c'est un mot pour appeler les jeunes en général, dit simplement le vieux Todd.

Lorsque l'hiver revint, William avait conquis sa place à la Haute Ferme. Il faisait partie des animaux familiers, tout comme les moutons, les chiens bergers, les dix vaches d'Écosse et le hibou qui nichait dans un coin de la nouvelle grange, avec son air de philosophe en méditation. On ne pouvait plus imaginer désormais la vie sans William.

Bridget avait appris à le monter dans une école d'équitation située à une vingtaine de kilomètres de la ferme.

Là-bas, tous les cavaliers étaient élégants et s'asseyaient bien droit sur la selle de leurs poneys au pelage brillant comme un sou neuf. Aussi Bridget leur paraissait-elle presque incongrue avec son jean et son T-shirt. Quant à William, ils le regardaient d'un air horrifié. Les autres

poneys eux-mêmes semblaient choqués en le voyant, et s'écartaient de lui lorsqu'il se mettait à bondir, crinière au vent.

— Ce n'est pas un poney, c'est un

bébé mammouth, dit un jour quelqu'un.

La remarque provoqua un éclat de rire général, mais Bridget n'y prêta aucune attention. Car c'était William son ami et non pas ceux qui se moquaient de lui.

En tout, elle prit huit leçons, pas une de plus, et le vieux Todd assura qu'elle s'en sortirait très bien désormais.

— C'est à ne pas croire, dit sa mère.

La mère de Bridget s'était mise à lire des livres sur les poneys, et avait pris l'habitude d'aller voir William à l'écurie par les jours de grand froid, tandis que Bridget était à l'école.

Lorsque l'hiver fut bien installé, chaque fois que son abreuvoir gelait, c'était elle qui se chargeait de

briser la glace. Au mois de février, lorsque la froidure devint plus intense encore, c'est elle encore qui allait porter des couvertures à William pour le réchauffer.

— Ce poney s'installera bientôt dans le salon, marmonnait le père de Bridget. Si tu veux mon avis, il apporte plus de souci qu'autre chose.

Bridget ne peut pas le monter quand il fait ce temps-là. Lorsqu'il s'arrête de neiger, et qu'il pourrait enfin descendre la colline, Bridget est à l'école. Et nous, on ne sait pas faire de cheval. Résultat, il devient si gras qu'on dirait un gros saucisson. Et finalement, il serait bien plus utile sous forme de saucisson.

— Je me disais que je pourrais peut-être apprendre à le monter, dit son épouse, après la naissance du bébé. J'aimerais bien faire du cheval.

— Attends donc que le bébé arrive, répliqua le père de Bridget, chaque chose en son temps.

Chapitre 4

L'hiver dura longtemps, cette année-là. Le temps empirait chaque jour et le prix du fourrage augmenta.

— Ce serait bien plus raisonnable de vendre William maintenant, et d'acheter un autre poney quand l'été sera là, dit le père de Bridget. Il ne fait que manger, c'est tout. Si jamais nous n'avons pas suffisamment d'agneaux à vendre cette année, il faudra s'en défaire. Nous ne pourrons pas nous permettre de le garder.

Bridget fit une prière pour que la période d'agnelage soit la meilleure possible, mais personne, là-haut, ne sembla l'écouter.

Les gelées et les chutes de neige alternaient inlassablement, la colline aux trois sommets devint trop dangereuse même pour le tracteur et Bridget ne pouvait plus se rendre à l'école.

Seule la camionnette des postes parvenait quelquefois à avancer jusqu'au ruisseau, mais le facteur klaxonnait en vain : Bridget ne pouvait descendre chercher le courrier.

Des agneaux naquirent tandis que soufflait le blizzard et moururent dans la neige avant même d'avoir pu respirer une première bouffée d'air. Le père de Bridget passait dehors des nuits entières à tenter de les sauver. La cuisine fut bientôt pleine d'agneaux nouveau-nés qui se traînaient sur le sol en poussant des bêlements plaintifs. Bridget et sa mère prenaient soin d'eux, les réchauffaient, les nourrissaient à

l'aide de biberons, mais beaucoup d'entre eux moururent malgré tout.

Une terrible tempête souffla pendant toute la nuit, amoncelant la neige jusqu'aux fenêtres du premier étage sur l'une des façades de la ferme. Le vent n'avait cessé de hurler jusqu'au matin et personne n'avait pu s'endormir avant l'aube. Lorsque tout le monde se leva, la journée avait l'air déjà bien avancée.

Le vent s'était calmé et un étrange silence régnait alentour.

Bridget gratta le givre qui recouvrait l'intérieur de sa fenêtre et contempla au-dehors les vagues de neige blanche, comme une mer toute d'écume.

Les prés avaient disparu. De même le chemin qui descendait la vallée. Les sept barrières également. Et le soleil brillait sur cet océan de blancheur.

— On dirait le mont Ararat, murmura Bridget, l'arche de Noé s'est échouée dans la neige. Je ferais bien d'aller voir William.

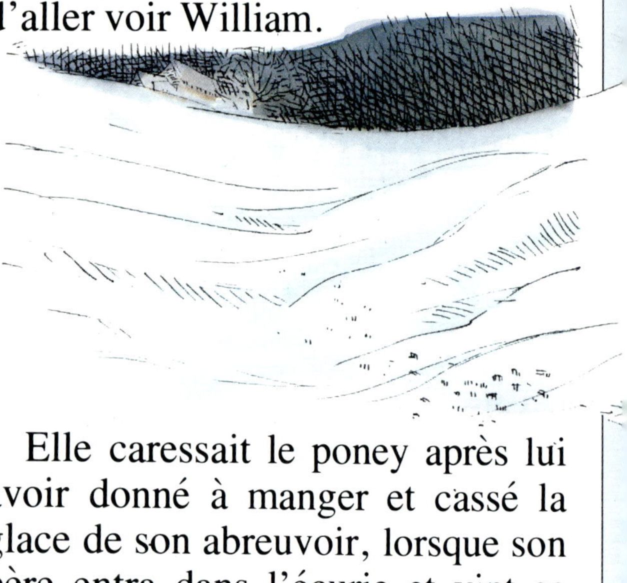

Elle caressait le poney après lui avoir donné à manger et cassé la glace de son abreuvoir, lorsque son père entra dans l'écurie et vint se planter devant elle.

— Tu as pu dormir un peu ? demanda Bridget. As-tu vu...? Tout a disparu, et on n'entend plus rien ! C'est si tranquille, à présent...

Son père la regarda en fronçant les sourcils d'un air soucieux.

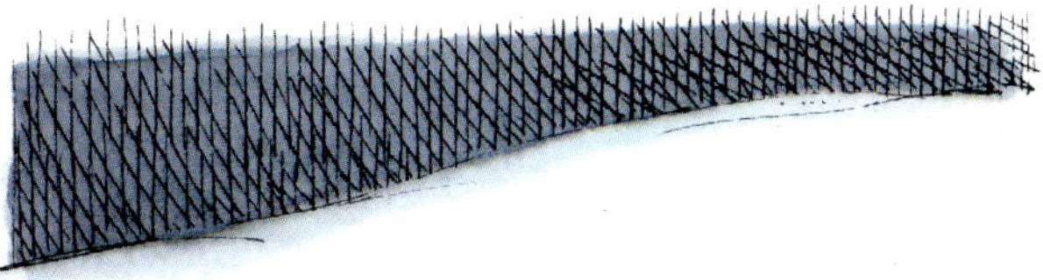

— Bridget, dit-il, le téléphone est coupé. Si je t'accompagne au bas de la colline et que je te mets dans la bonne direction, crois-tu que tu pourrais suivre le chemin jusqu'au village. En montant William ?

Ils partirent aussitôt, descendant le flanc de la colline. La route était devenue quasiment impraticable.

Mais Bridget trouvait cela merveilleux. Elle observait attentivement l'adresse avec laquelle William posait ses pattes dans l'épaisse couche de neige. Bridget et son père marchaient chacun d'un côté du poney. Arrivés au pied de la colline, il n'y avait plus de ruisseau. Même la rambarde du petit pont avait disparu. Lorsqu'ils traversèrent le bois, en revanche, il leur fut moins difficile de progresser : la neige compacte était plus stable sous leurs pas, et ils purent bientôt deviner la silhouette de la première barrière.

— Il faut que je me dépêche de rentrer à la ferme, à présent, dit le père de Bridget, va tout droit, toujours tout droit jusqu'au village et préviens le docteur. Avec William, tout ira bien. Les barrières te permettront de te repérer. Je pense qu'elles sont toutes restées ouvertes, tu pourras passer sans difficulté. Et demande au docteur de venir aussi vite que possible avec sa Land Rover.

— Qu'est-ce qu'il faut lui dire ?

— Que le bébé a l'intention d'arriver un peu plus tôt que prévu.

— Par ce temps ? s'exclama Bridget, quel idiot ! Aussi bête qu'un mouton !

Chapitre 5

Bridget monta sur le dos du poney.

— Allez, en avant, William, lança-t-elle.

Pendant un instant, le poney resta immobile, l'air songeur. Puis, enfin, il hocha la tête et se mit en chemin. Tout d'abord il posa ses sabots dans la neige avec méfiance. Mais lorsqu'il s'aperçut qu'il ne risquait pas de glisser, il remua une nouvelle fois la tête comme pour exprimer son soulagement et avança d'un pas plus ferme.

Une fois la première barrière franchie, il fit un moulinet avec le panache de sa queue et poursuivit allégrement sa route. La neige était plus profonde, plus poudreuse et Bridget commença à se sentir le cœur serré. Ils passèrent sans encombre la deuxième barrière et continuèrent à cheminer bon train dans la neige épaisse. Franchissant ainsi la troisième et la quatrième barrière, ils atteignirent le sommet de la colline et redescendirent l'autre versant. Alors William s'arrêta.

Il s'était immobilisé devant une vaste surface de neige lisse, qu'on aurait dit tendue comme la toile d'un chapiteau, et sur laquelle on ne distinguait d'autres traces que celles, en forme d'étoiles, laissées par les pattes d'un oiseau.

— Allons, avance, dit Bridget.

Mais William hocha la tête, comme en signe de dénégation, et souffla par ses naseaux avec ce même bruit de moteur que Bridget connaissait bien.

— Avance donc, répéta-t-elle.

Cette fois encore, William ne bougea pas.

Bridget, alors, se rappela les paroles du vieux Todd :

— Ne vous en faites pas, William saura bien quel chemin prendre, avait-il dit à sa mère, inquiète de voir Bridget partir seule sur la lande déserte; quand il y a un danger le cheval le sait mieux que le cavalier. Il suffit qu'elle le laisse faire et tout ira bien.

Aussi, Bridget lâcha-t-elle les rênes du poney.

— Eh bien, soit! Fais comme tu voudras, lui dit-elle.

Alors, tournant prudemment sur lui-même, le poney quitta la route et grimpa avec lenteur une pente à travers champs, en direction d'un mur enfoui sous la neige. Bridget ferma les yeux, serrant plus fort ses paupières lorsqu'elle sentit William trébucher. Quelques instants plus tard, cependant, le poney hocha encore la tête et redescendit par un autre chemin, d'un pas bien assuré.

Il passa la cinquième barrière sans difficulté. Quant à la sixième, elle avait tout simplement disparu.

Le paysage alentour avait un aspect différent, comme jamais vu, et le chemin, qui n'était plus qu'un vague sillon traversant les prés, semblait s'insinuer sans fin dans la vallée.

Bridget se demanda s'ils avaient déjà passé six barrières, ou seulement cinq. Ou peut-être même quatre ? Elle essaya d'apercevoir des points de repère, mais il n'y en avait plus, pas le moindre. Elle se retourna pour regarder par-dessus son épaule en direction de la Haute Ferme, mais elle ne vit rien non plus : la ferme aussi avait disparu.

La neige se remit à tomber. Déjà, elle sentait les flocons lui picoter le visage.

William avançait avec lenteur, à présent, d'un pas presque solennel. La dernière barrière n'était toujours pas en vue, ni la Croix saxonne et Bridget eut soudain peur. Au même moment, William trébucha et s'immobilisa.

Cette fois encore, Bridget se souvint des paroles du vieux Todd :

— Un cheval n'a peur que lorsque son cavalier a peur, lui avait-il dit.

Alors, elle essuya son visage mouillé par la neige, se redressa sur la selle et serra fermement les flancs du poney entre ses genoux.

— Allons, du nerf ! dit-elle vivement, petite nature, va ! Je croyais que les chevaux aimaient la neige. Allez, avance !

Aussitôt, William se remit en chemin. Au prochain tournant, Bridget l'entendit faire à nouveau le bruit de moteur en soufflant dans ses naseaux : devant eux, dépassaient de la surface de neige les deux piquets qui marquaient la septième barrière et l'on distinguait, derrière, la Croix saxonne. Au-delà de la Croix, la route avait l'apparence du sucre glacé, avec ses scintillements argentés, et les traînées de gravillons noirs qu'on avait jetés sur l'asphalte, jusqu'à l'entrée du village, lui donnaient un aspect rassurant.

Chapitre 6

— Le bébé arrive, dit Bridget au docteur.

Il venait juste de mettre la Land Rover en marche et, à en juger par l'expression de son visage, le moteur n'avait dû consentir à tourner qu'après une rude bataille.

C'était une magnifique voiture qui connaissait la région aussi bien que William, et Bridget se sentait soulagée de voir tout à la fois le médecin et son auto.

Sous l'effet du froid, le visage de Bridget avait pris une couleur écarlate, ses vêtements étaient trempés de neige et même recouverts de glace par endroits.

— Ne me dis pas que tu es descendue de là-haut sur ce cheval ! s'exclama le médecin.

— Ça n'a pas été si terrible, répondit Bridget, c'était même une belle balade…

William remua sa queue dont les crins ruisselaient de neige fondue et secoua sa crinière blanchie par le givre.

— Va donc mettre ce gorille à l'abri dans mon étable, conseilla le docteur, et reste ici jusqu'à ce que je sois de retour. Ils vont s'occuper de vous, à la maison.

La Land Rover démarra en toussant et projeta derrière elle un nuage de fumée bleue.

— Je ferai peut-être la dernière partie du chemin à pied, lança le docteur avant de refermer la portière, en attendant, va te mettre au chaud.

Mais Bridget n'entra pas chez le docteur. Elle fit quelques pas pour se réchauffer et donna du sucre à William. Puis elle remonta sur le poney et prit le chemin de la Haute Ferme en suivant les traces de la Land Rover.

— Allez, mon vieux William, encore un effort, chuchota-t-elle à l'oreille du poney.

Lorsqu'elle atteignit l'étendue de neige que William n'avait pas voulu traverser, elle vit en travers de la

route la voiture du docteur enlisée jusqu'au pare-brise. Elle glissa à terre et parcourut en sens inverse le chemin emprunté par William le long du mur enfoui sous la neige, tenant par sa bride le poney. Puis elle suivit les traces de pas du docteur, déjà presque effacées par la neige qui continuait de tomber.

Le froid lui mordait les joues.

Elle s'appuya contre le flanc mouillé et rebondi de William et s'efforça de penser à des choses gaies tandis qu' elle grimpait la colline aux trois sommets.

La colline était si sombre, si effrayante qu'il lui fut bien difficile de surmonter sa peur.

La neige fondue lui cinglait le visage.

Elle repensa aux agneaux mourant de froid : son père n'aurait pas grand-chose à vendre, cette année. Et le printemps qui n'arrivait pas...

Bientôt, il n'y aurait plus de fourrage pour William. L'avenir s'annonçait plutôt sombre.

Bridget aperçut enfin les lumières de la ferme qui brillaient dans l'obscurité : elle était arrivée.

Lorsqu'elle conduisit William à l'écurie, elle entendit un bruit en provenance de la maison, comme un bêlement d'agneau, mais plus perçant qu'à l'ordinaire.

— Voilà que maintenant maman les recueille dans sa chambre ! pensa-t-elle.

Alors, seulement, elle se souvint du bébé.

Aussitôt, elle s'en voulut de l'avoir oublié. Elle se sentit soudain impatiente de le voir et se mit à rougir.

— Je ne dirai à personne que je l'avais oublié, se promit-elle.

Son père entra au même moment dans l'écurie. Il avait le visage très rouge et ne paraissait plus du tout fatigué.

— Cet agneau-là vivra, dit-il fièrement. C'est un garçon, grand, fort et bruyant. Le docteur est arrivé juste à temps.

Son père passa un bras autour des épaules de Bridget, puis l'autre autour du cou de William qui soufflait de fatigue.

— Dis, on le gardera ? demanda Bridget, on gardera William, n'est-ce pas ? Sans lui, je n'aurais pas pu aller jusque là-bas.

— On le gardera, dit son père, il est ici pour toujours ; pour toujours, je te le promets. Maintenant, viens te réchauffer et voir le bébé. Ensuite, nous nous occuperons de William. Lui aussi a besoin d'être réchauffé. Et demain, nous aurons une longue lettre à écrire à la tante de Londres !

FIN

"Depuis des générations, ma famille est faite de fermiers, dans les collines et landes sauvages du nord de l'Angleterre. Bridget est la fille de mon frère, et elle vit toujours dans la ferme que je décris dans le livre. Elle travaille maintenant à la ferme : elle entraîne les chevaux qui lui sont confiés pour adoucir leur caractère. Elle-même a deux chevaux. *Un poney dans la neige* est presque entièrement une histoire vraie."

Jane Gardam

" Dans le nord de l'Angleterre, autour de la ville où j'habite, il y a beaucoup de collines surplombées de fermes où, l'hiver, les fermiers ont à lutter contre les conditions décrites dans le livre. C'est à la fin de l'été que j'ai illustré le livre, mon studio était bien chauffé mais, à force de dessiner ces paysages enneigés, je sentais le froid me gagner et j'avais l'impression que mes pieds commençaient à geler."

William Geldart

Le poney dans la neige

Supplément illustré

Test

Ferais-tu un bon cavalier ? Pour le savoir, choisis pour chaque question la solution que tu préfères. *(Réponses page 78)*

1 Le mot bombe évoque pour toi :

■ un pantalon spécial pour monter à cheval

▲ un casque

● un dessert glacé

2 Si ton cheval couche ses oreilles en arrière, cela veut dire :

■ il est content

● rien d'important

▲ attention ! quelque chose ne va pas

3 Pour monter à cheval, tu te places :

▲ à sa gauche

■ à sa droite

● du côté qui se présente à toi

4 Tu veux arrêter ton cheval qui part au galop :

● tu lui donnes un coup de cravache

■ tu tires sur les rênes d'un coup sec

▲ tu te redresses en serrant les doigts sur les rênes

5 Parmi ces trois exemples, quels sont les noms exacts des obstacles ?

▲ le mur et l'oxer

■ le mur et la porte

● le tronc et le sac

6 Si l'on te dit que la robe de ton cheval est de couleur "bai", tu penses :

■ qu'elle est simple et unie

▲ qu'elle est composée de plusieurs couleurs

● qu'elle est sûrement très jolie

7 Pour toi un poney c'est un :

● cheval de montagne

■ très beau poulain

▲ cheval de petite taille

8 Sais-tu ce qu'est une longe ?

▲ une courroie pour faire travailler le cheval

■ une sangle pour attacher la selle

● une race de chevaux

9 Si tu as une reprise à 17 heures, tu te rends :

● chez le maréchal-ferrant pour ferrer ton cheval

▲ au manège pour prendre une leçon

■ à l'écurie pour soigner ton cheval

Informations

Connaître et aimer le poney

Un poney pour toi tout seul, en as-tu rêvé ? Mais tu dois savoir qu'un poney a besoin de soins et d'attention.
Voici quelques conseils et renseignements qui t'aideront à mieux le connaître.

Son cadre de vie

Le poney est un animal robuste et résistant qui est heureux en liberté. S'il ne dispose pas de sa propre écurie, il peut vivre en plein air. Dans ces conditions il faut prévoir un abri pour qu'il se protège du froid, de la pluie, mais aussi du soleil en été. Il aime se réfugier sous de grands arbres ou derrière des fourrés. On peut clôturer un champ

puis l'aménager. Il a besoin d'un espace bien entretenu qui lui assure sécurité, eau et nourriture.

■ Ses habitudes alimentaires

Le poney est herbivore. Il peut se nourrir en partie de l'herbe du pré. Autrefois, on lui donnait du foin, de l'avoine, de la paille ainsi que de la mélasse (liquide sucré), des carottes, des navets et du son.

(Illustrations Paul Bontemps, *A cheval !* Découverte benjamin)

Comme tous les sportifs, le poney qui fournit un effort important doit avoir une alimentation saine et équilibrée. Actuellement, les aliments sous forme de granulés permettent de leur préparer des rations adaptées à leur poids et à leur taille.

Il faut également veiller à leur donner une quantité suffisante d'eau pure.

■ Sa toilette

Qu'il passe la journée à l'écurie ou en plein air, le poney doit être nettoyé. C'est le pansage. Celui-ci est indispensable pour la bonne santé de l'animal, car cela le maintient en forme en activant la circulation de son sang. Quelques instruments sont nécessaires pour permettre cette opération.

L'étrille

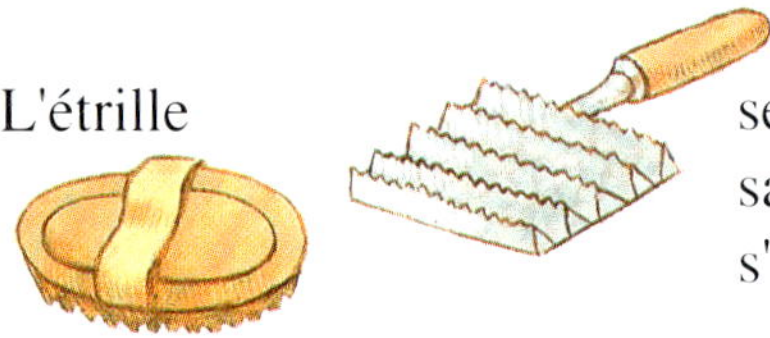

sert à enlever les salетés qui s'attachent au poil

Brosse en soie

plus douce, elle permet de brosser la robe, la queue et la crinière

Peigne

pour démêler la crinière

Cure-pied

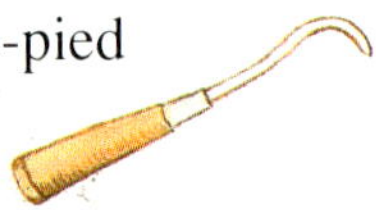

pour enlever la boue et les cailloux des sabots

(Illustrations Paul Bontemps, *A cheval !* Découverte benjamin)

En selle

Avant de monter en selle, il faut d'abord harnacher (préparer) le poney. Passe les rênes au-dessus de l'encolure. Glisse délicatement le mors dans la bouche et place la têtière. Vérifie que tous les éléments de la bride sont bien mis, puis occupe-toi de la selle. Pose-la doucement et attache ensuite la sangle.

Ton poney et toi, vous êtes maintenant prêts à prendre votre première leçon d'équitation.

En selle et bonne chance !

Jeux

Une expression de cheval

Voici une expression empruntée au vocabulaire du cheval. Mais elle a été dissimulée dans ce labyrinthe. Si tu trouves le bon chemin, tu découvriras l'expression. *(Réponse page 78)*

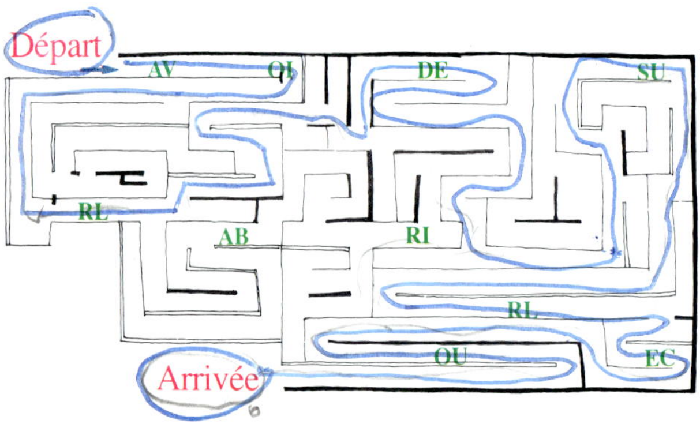

Maintenant que tu as trouvé l'expression, sais-tu ce qu'elle signifie ?

1. S'emporter
2. Avoir un esprit étroit
3. Pouvoir agir en toute liberté

■ Le mot croisé du cheval

Comme Bridget, tu aimes peut-être les chevaux. Alors voici un moyen pour toi de tester tes connaissances sur cet animal. A l'aide du dessin et des définitions, tu pourras compléter la grille.

1. Ongle du cheval
2. Côté du cheval
3. Ensemble des crins
4. Cou du cheval
5. Devant du cheval
6. Point commun avec les filles qui attachent leurs cheveux
7. Partie du corps au-dessus de la queue
8. Narine du cheval
9. Partie arrière du genou

(Réponses page 79)

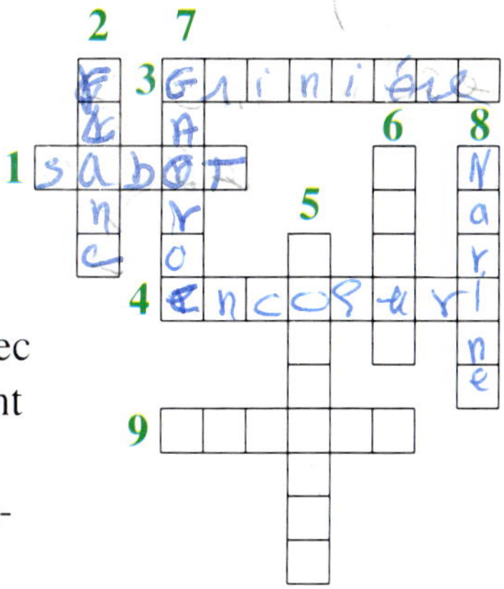

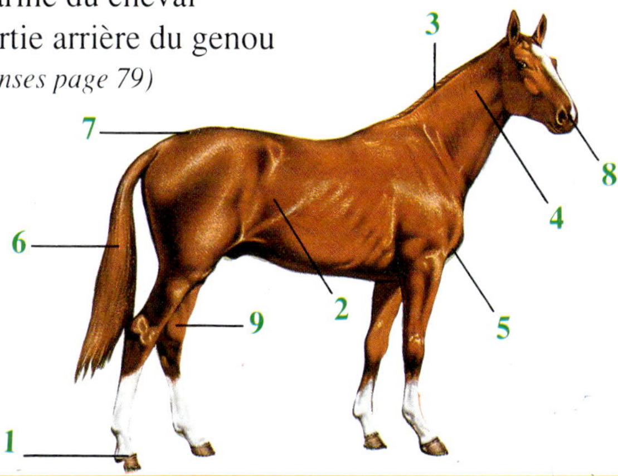

■ Les petits poneys

Règle du jeu

Pour jouer aux petits poneys, il te faut deux jetons et un dé. Le gagnant est celui qui arrive le premier à la ferme. Comme pour le jeu des petits chevaux, il faut faire un tour complet avant de rentrer dans les cases numérotées et répondre aux questions. Pour commencer à jouer tu dois faire un six. Lorsqu'un joueur arrive devant les numéros, il doit faire le chiffre exact pour

aller dessus et répondre à la question ; s'il répond bien il relance le dé pour avancer.

■ Questions pour le poney bleu :

1. Pourquoi le père de Bridget ne veut-il pas avoir de chevaux ? **2.** Quel est le nom de la ferme ? **3.** Que raconte-t-on sur la colline aux trois sommets ? **4.** Où vit la tante de Bridget ? **5.** Qui apporte le chèque à Bridget ? **6.** A quelle occasion Bridget reçoit-elle trois lettres ? **7.** Que reçoit Bridget pour son anniversaire ?

■ Questions pour le poney vert :

1. L'argent du chèque doit servir à une seule chose, laquelle ? **2.** A quoi les parents utiliseront-ils l'argent qui reste? **3.** Qui amène William à la ferme ? **4.** Quels sont les autres animaux qui vivent à la ferme ? **5.** Pourquoi le père envoie-t-il Bridget au village sous la neige ? **6.** Comment s'appelle la période où naissent les agneaux ? **7.** Comment Bridget parvient-elle à faire repartir William lorsqu'il ne veut plus avancer ?

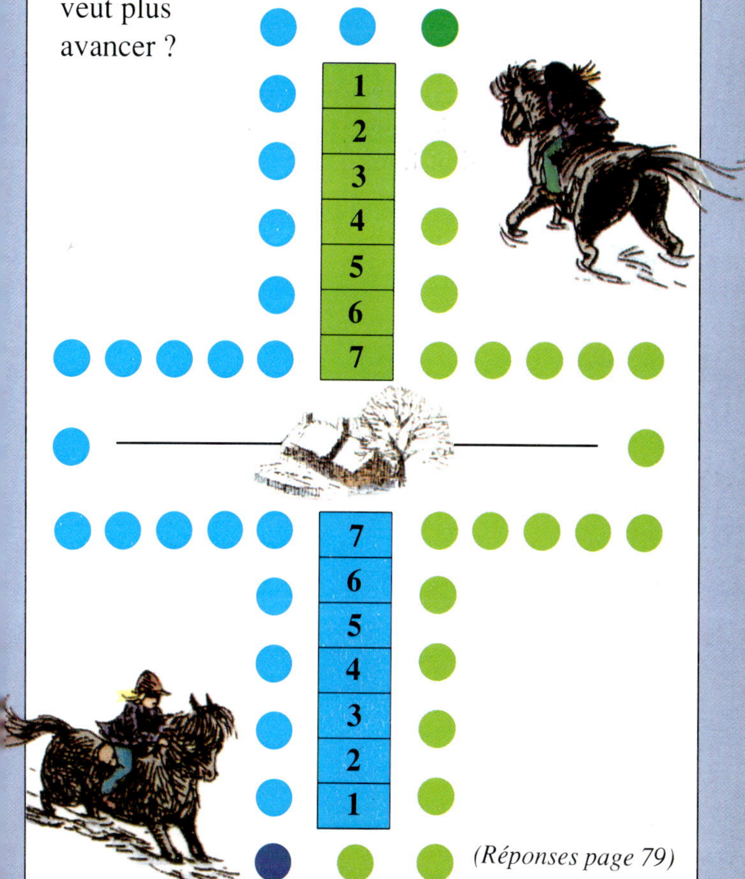

(Réponses page 79)

■ Ararat

"On dirait le mont Ararat, murmura Bridget, l'arche de Noé s'est échouée dans la neige."
Bridget évoque un passage de la Bible, où il est raconté qu'à la fin du déluge, lorsque les eaux qui avaient recouvert la terre se retirèrent, Noé échoua avec son embarcation sur la plus haute montagne de Turquie, le mont *Ararat*.
Ararat, quel drôle de nom ! Certains lieux géographiques ont des noms très amusants. Connais-tu ceux qui suivent et sais-tu où ils se trouvent dans le monde ? *(Réponses page 79)*

1. Ouagadougou
2. Honolulu
3. Guadalajara
4. Tananarive
5. Nianqingtanggula
6. Titicaca

A. Lac en Amérique du Sud
B. Capitale d'un pays d'Afrique
C. Capitale de Madagascar
D. Capitale des îles Hawaï
E. Ville d'Espagne
F. Montagnes de Chine

Cherche l'intrus

Parmi ces mots un intrus s'est glissé. Sauras-tu le retrouver ? *(Réponse page 79)*

Un tourbillon - une tourmente - une ventrière - un grain - une bourrasque.

Quel mauvais temps

Onze mots évoquant l'hiver se sont cachés dans cette grille. Sauras-tu les retrouver ? Tu peux lire les mots de la grille dans tous les sens.

U	A	E	N	I	A	R	T
S	A	L	G	R	E	V	E
Z	Z	N	E	I	G	E	M
E	G	U	L	B	I	N	P
S	K	I	S	L	V	T	E
I	I	D	I	O	R	F	T
B	A	R	D	N	E	V	E

(Réponses page 79)

Réponses

pages 66 et 67

Compte les ●, les ▲ et les ■ que tu as obtenus.
- Si tu as plus de ▲, tu connais bien le monde des chevaux et des poneys. Ce sont des animaux dont tu aimes - ou aimerais - t'occuper. Tu as l'air de bien les comprendre. Tu ferais un excellent cavalier, si tu n'en es pas déjà un !
- Si tu as plus de ■, l'univers de l'équitation te plaît et t'attire. Mais l'idée que tu en as est assez imprécise. Avant de monter en selle, renseigne-toi et feuillette quelques livres. Et surtout commence par prendre des leçons, cela sera plus sûr pour toi et ta monture...
- Si tu as plus de ●, le milieu de l'équitation est bien loin de tes préoccupations. Tu t'intéresses à tout autre chose et les poneys et les chevaux sont un mystère pour toi. Peut-être qu'un jour tu découvriras les plaisirs d'une promenade équestre.

page 72

Une expression de cheval : *Avoir la bride sur le cou - réponse numéro* ***3****.*

page 73

Le mot croisé du cheval : 1. *Sabot* - **2.** *Flanc* - **3.** *Crinière* - **4.** *Encolure* - **5.** *Poitrail* - **6.** *Queue* - **7.** *Croupe* - **8.** *Naseau* - **9.** *Jarret.*

pages 74 et 75

Les petits poneys : 1. *Parce qu'un cheval mange beaucoup et ne rapporte rien* - **2.** *La Haute Ferme* - **3.** *On dit qu'elle est hantée* - **4.** *A Londres* - **5.** *Le facteur* - **6.** *Pour son anniversaire* - **7.** *Un mouton de son père, une brosse à cheveux de sa mère et un chèque de sa tante.*

1. *L'achat du poney* - **2.** *Pour payer des leçons d'équitation* - **3.** *Le vieux Todd* - **4.** *Des moutons, des chiens bergers, 10 vaches et un hibou* - **5.** *Pour aller chercher le médecin car sa maman va accoucher* - **6.** *L'agnelage* - **7.** *En lâchant les rênes.*

page 76

Ararat : 1. B - 2. D - 3. E - 4. C - 5. F - 6. A.

page 77

Cherche l'intrus : *c'est une ventrière. Une ventrière est une sangle que l'on passe sous le ventre du cheval.*

Quel mauvais temps : *Traîneau - Verglas - Froid - Neige - Luge - Skis - Bise - Givre - Vent - Névé - Gel.*

Titres à nouveau disponibles et nouveautés de la collection folio cadet

série bleue

Le problème, Aymé/Sabatier
Le chien, Aymé/Sabatier
Les boîtes de peinture, Aymé/Sabatier
Clément aplati, Brown/Ross
Le doigt magique, Dahl/Galeron
La Belle et la Bête, de Beaumont/Glasauer
Le dictionnaire des mots tordus, Pef
Du commerce de la souris, Serres/Lapointe
La petite fille aux allumettes, Andersen/Lemoine
Il était une fois deux oursons, Johansen/Bhend
Les inséparables, Ross/Hafner
Le petit humain, Serres/Tonnac

série rouge

Le cheval en pantalon, Ahlberg
Histoire d'un souricureuil, Allan/Blake
Le port englouti, Cassabois/Boucher
Fantastique Maître Renard, Dahl/Ross
L'enlèvement de la bibliothécaire, Mahy/Blake
Pierrot ou les secrets..., Tournier/Bour
Le rossignol de l'empereur..., Andersen/Lemoine
L'homme qui plantait..., Giono/Glasauer
Barbedor, Tournier/Lemoine
Le poney dans la neige, Gardam/Geldart
Les sorcières, Hawkins
Grabuge et..., de Brissac/Lapointe